Impressum
Verlag: BABADADA GmbH, Nedderfeld 112 , 22529 Hamburg
Geschäftsführer / Verlagsleitung: Harald Hof
Druck: Books on Demand GmbH, In de Tarpen 42, 22848 Norderstedt

Imprint
Publisher: BABADADA GmbH, Nedderfeld 112 , 22529 Hamburg, Germany
Managing Director / Publishing direction: Harald Hof
Print: Books on Demand GmbH, In de Tarpen 42, 22848 Norderstedt

shule
mokykla

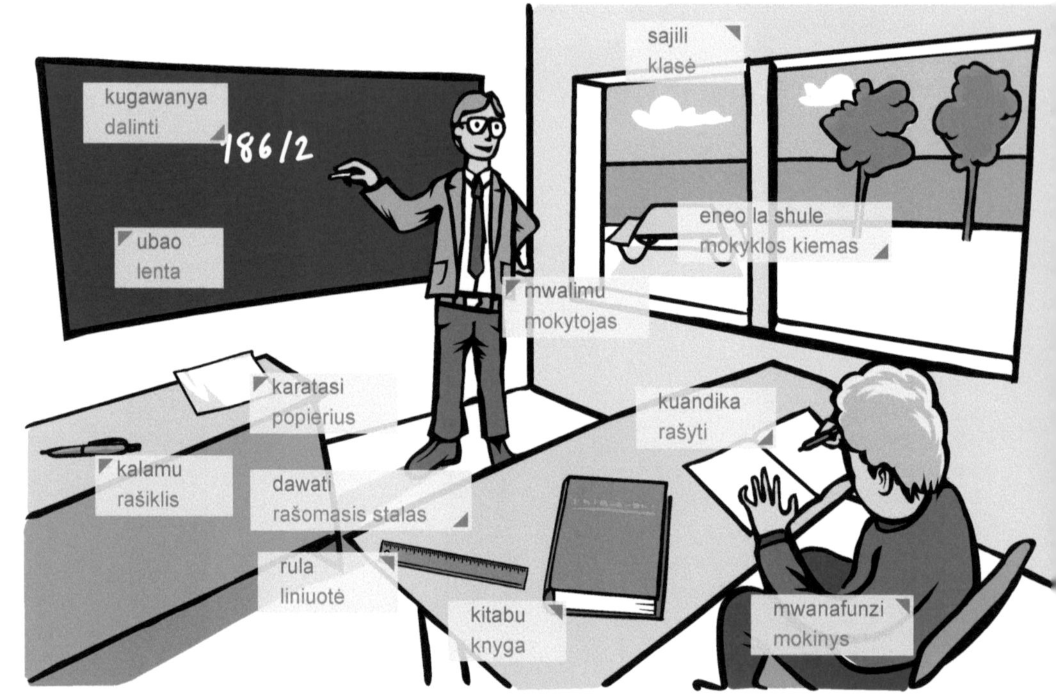

sajili
klasė
kugawanya
dalinti
186/2
ubao
lenta
eneo la shule
mokyklos kiemas
mwalimu
mokytojas
karatasi
popierius
kuandika
rašyti
kalamu
rašiklis
dawati
rašomasis stalas
rula
liniuotė
kitabu
knyga
mwanafunzi
mokinys

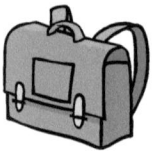

mkoba
kuprinė

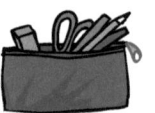

kikasha cha penseli
penalas

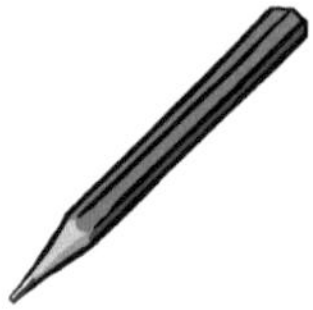

penseli
pieštukas

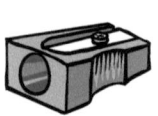

kichonga penseli
drožtukas

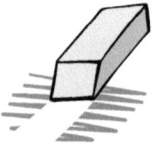

mpira
trintukas

pedi ya kuchora
piešimo bloknotas

uchoraji

piešinys

brashi ya rangi

teptukas

sanduku la rangi

dažų dėžutė

mkasi

žirklės

gundi

klijai

daftari

vadovėlis

kazi ya nyumbani

namų darbai

nambari

numeris

jumlisha

pridėti

ondoa

atimti

zidisha

dauginti

kokotoa

skaičiuoti

barua

raidė

alfabeti

abėcėlė

neno

žodis

maandishi

tekstas

kusoma

skaityti

chaki

kreida

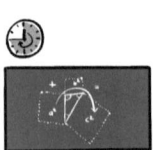

somo

pamoka

sajili

dienynas

uchunguzi

egzaminas

cheti

pažymėjimas

sare za shule

mokyklinė uniforma

elimu

išsilavinimas

elezo

enciklopedija

chuo kikuu

universitetas

darubini

mikroskopas

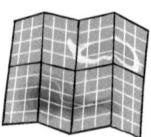

ramani

žemėlapis

kikapu cha kuweka karatasi chafu

šiukšliadėžė

usafiri
kelionė

hoteli
viešbutis
Grand
hosteli
svečių namai
ROOMS
ofisi ya ubadilishanaji
valiutos keitykla
CHANGE
sanduku
lagaminas
gari
mašina

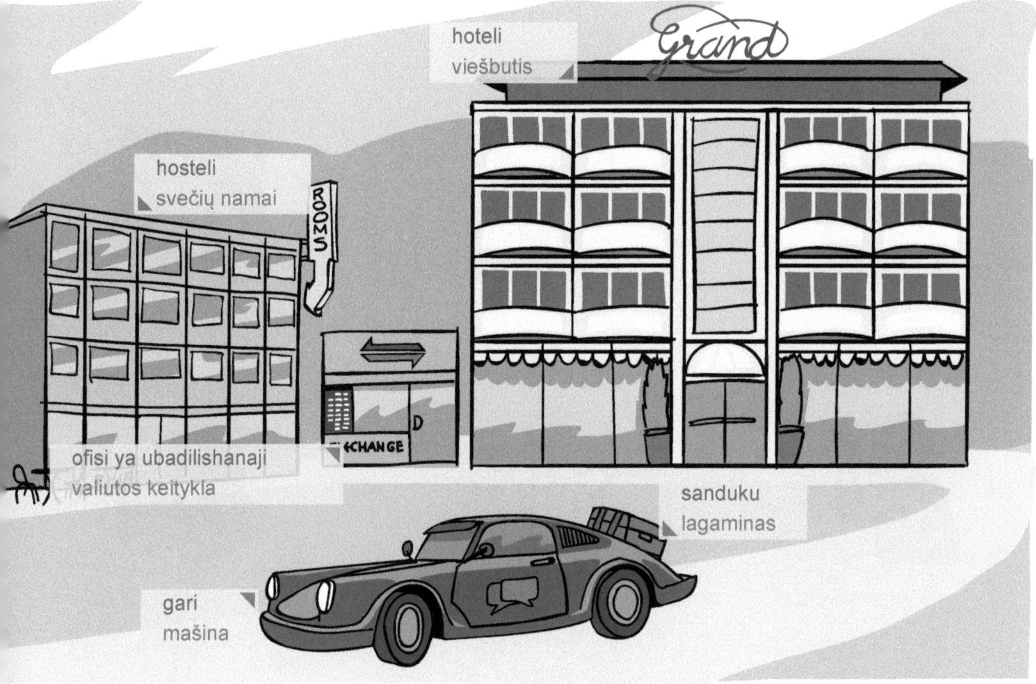

lugha
kalba

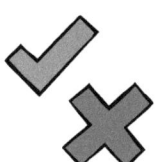

ndiyo / la
taip / ne

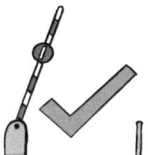

sawa
Gerai

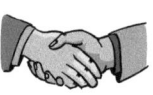

hujambo
sveiki

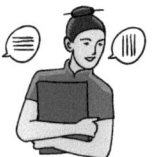

mtafsiri
vertėjas raštu

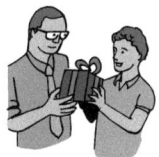

Asante
Ačiū

kiasi gani ni ...?

kiek kainuoja...?

Sielewi

aš nesuprantu

tatizo

problema

Jioni njema!

Labas vakaras!

Habari za asubuhi!

Labas rytas!

Usiku mwema!

Labos nakties!

kwa heri

viso gero

mwelekeo

kryptis

mizigo

bagažas

mfuko

krepšys

shanta

kuprinė

mgeni

svečias

chumba

kambarys

begi la kulalia

miegmaišis

hema

palapinė

taarifa ya utalii

turizmo informacija

ufuo

paplūdimys

kadi

kreditinė kortelė

kifunguakinywa

pusryčiai

chakula cha mchana

pietūs

chakula cha jioni

vakarienė

tiketi

bilietas

kuinua

liftas

muhuri

pašto ženklas

mpaka

siena

mila

muitinė

ubalozi

ambasada

visa

viza

pasipoti

pasas

usafiri

transportas

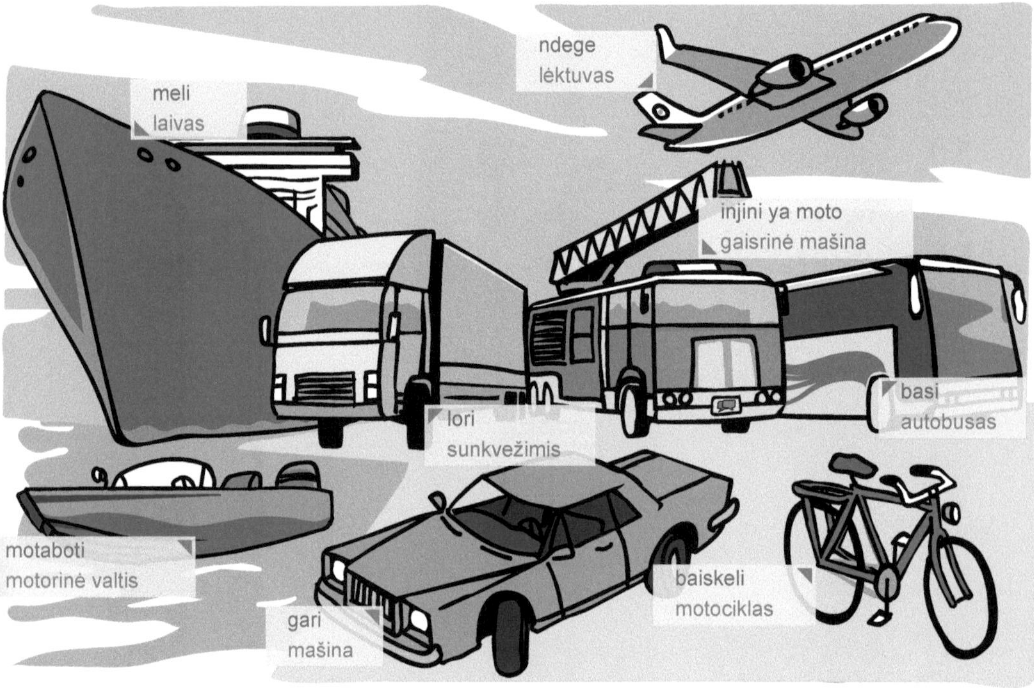

ndege
lėktuvas
meli
laivas
injini ya moto
gaisrinė mašina
basi
autobusas
lori
sunkvežimis
motaboti
motorinė valtis
baiskeli
motociklas
gari
mašina

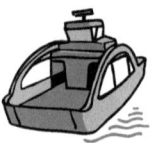

feri

keltas

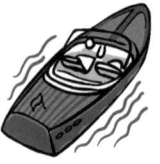

mashua

valtis

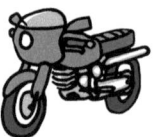

pikipiki

mopedas

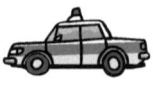

gari la polisi

policijos automobilis

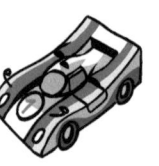

gari la mashindano

lenktyninis automobilis

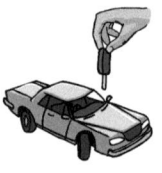

gari la kukodisha

nuomojamas automobilis

kushiriki gari

bendras automobilio
naudojimas

lori la kuvuta

techninės pagalbos
automobilis

ukusanyaji taka

šiukšliavežė

motor

variklis

mafuta

degalai

kituo cha mafuta

degalinė

ishara trafiki

kelio ženklas

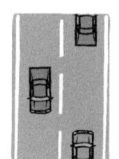

trafiki

eismas

msongamano

eismo spūstis

maegesho

mašinų stovėjimo aikštelė

kituo cha treni

traukinių stotis

reli

bėgiai

garimoshi

traukinys

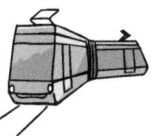

tremu

tramvajus

gari la mizigo

vagonas

helikopta

sraigtasparnis

uwanja wa ndege

oro uostas

mnara

bokštas

abiria

keleivis

chombo

konteineris

katoni

dėžė

mkokoteni

vežimėlis

kikapu

krepšys

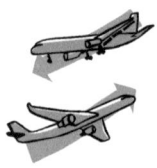

ondoka

pakilti / nusileisti

jiji

miestas

kijiji

kaimas

katikati ya jiji

miesto centras

nyumba

namas

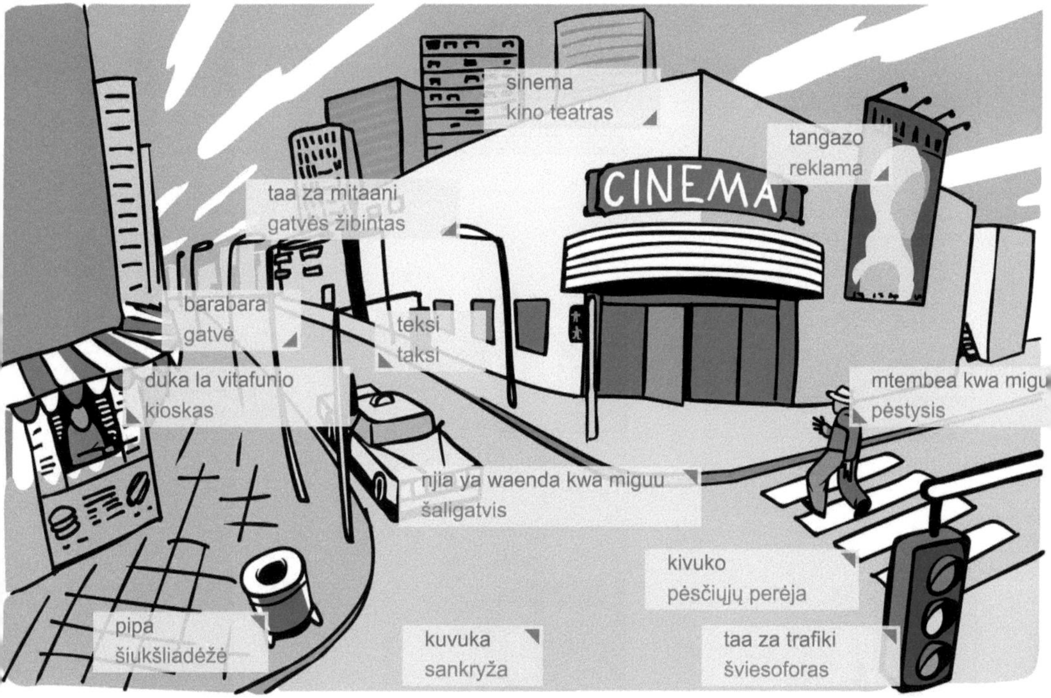

sinema
kino teatras
CINEMA
tangazo
reklama
taa za mitaani
gatvės žibintas
barabara
gatvė
teksi
taksi
duka la vitafunio
kioskas
mtembea kwa migu
pėstysis
njia ya waenda kwa miguu
šaligatvis
kivuko
pėsčiųjų perėja
pipa
šiukšliadėžė
kuvuka
sankryža
taa za trafiki
šviesoforas

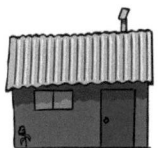

kibanda

trobelė

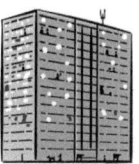

gorofa

butas

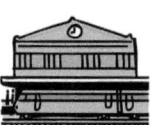

kituo cha treni

traukinių stotis

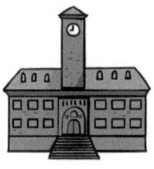

ukumbi wa mji

rotušė

MUSEUM

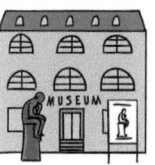

Makavazi

muziejus

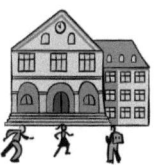

shule

mokykla

chuo kikuu

universitetas

benki

bankas

hospitali

ligoninė

hoteli

viešbutis

duka la dawa

vaistinė

ofisi

biuras

duka la kitabu

knygynas

duka

parduotuvė

duka la maua

gėlių parduotuvė

dukakuu

prekybos centras

soko

turgus

idara ya kuhifadhi

universalinė parduotuvė

mwuza samaki

žuvies parduotuvė

kituo cha ununuzi

prekybos centras

bandari

uostas

Hifadhi

parkas

benki

suoliukas

daraja

tiltas

vidato

laiptai

chini ya ardhi

metro

handaki

tunelis

kituo cha mabasi

autobusų stotelė

bar

baras

mgahawa

restoranas

sanduku la posta

lauko pašto dėžutė

ishara ya barabara

kelio ženklas

mita ya maegesho

parkomatas

bustani ya wanyama

zoologijos sodas

kidimbwi cha kuogelea

baseinas

msikiti

mečetė

shamba

ūkininko ūkis

uchafuzi

tarša

makaburini

kapinės

kanisa

bažnyčia

uwanja wa michezo

žaidimų aikštelė

hekalu

šventykla

mazingira
kraštovaizdis

jani
lapas

ishara ya mwelekeo
kelio rodyklė

njia
kelias

malisho
pieva

jiwe
akmuo

mti
medis

mtembeaji wa masafa
ėjikas

mto
upė

nyasi
žolė

ua
gėlė

bonde

slėnis

kilima

kalva

ziwa

ežeras

msitu

miškas

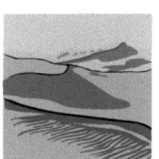

jangwa

dykuma

volkano

ugnikalnis

ngome

pilis

upinde wa mvua

vaivorykštė

uyoga

grybas

mtende

palmė

mbu

uodas

kuruka

musė

chungu

skruzdėlė

nyuki

bitė

buibui

voras

mende

vabalas

chura

varlė

kuchakuro

voverė

nungunungu

ežys

sungura

kiškis

bundi

pelėda

ndege

paukštis

swan

gulbė

nguruwe mwitu

šernas

kulungu

elnias

aina ya kongoni

briedis

bwawa

užtvanka

tabo ya upepo

vėjo jėgainė

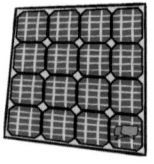

nishaji ya jua

saulės baterija

hali ya hewa

klimatas

mgahawa
restoranas

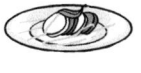

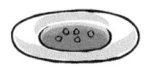

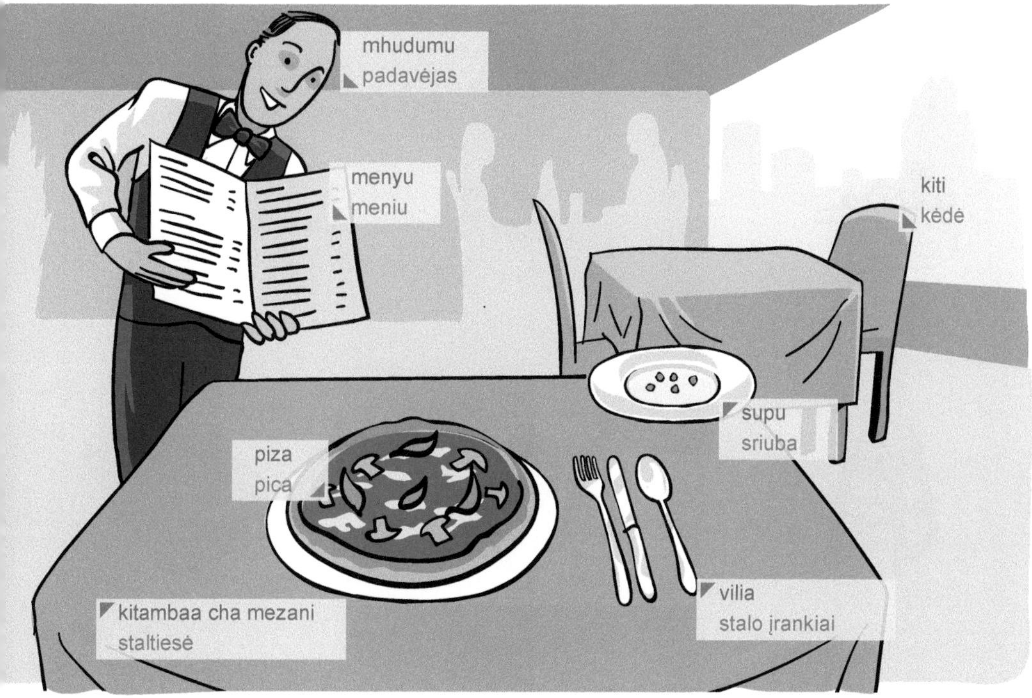
mhudumu
padavėjas
menyu
meniu
kiti
kėdė
supu
sriuba
piza
pica
kitambaa cha mezani
staltiesė
vilia
stalo įrankiai

kiamsha hamu

užkandis

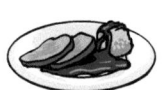

kozi kuu

pagrindinis patiekalas

kitindamlo

desertas

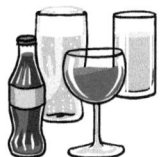

vinywaji

gėrimai

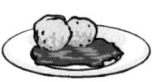

chakula

maistas

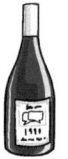

chupa

butelis

chakula cha haraka

greitai pateikiamas maistas

Streetfood

gatvės maistas

buli

arbatinukas

kisanduku cha sukari

cukrinė

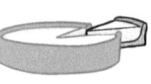

sehemu

porcija

mashine ya espresso

espreso aparatas

kiti kirefu

aukšta kėdė

muswada

sąskaita

trei

padėklas

kisu

peilis

uma

šakutė

kijiko

šaukštas

kijiko cha chai

arbatinis šaukštelis

nepi

servetėlė

glasi

stiklinė

sahani

lėkštė

sahani ya supu

sriubos lėkštė

sufuria

padėklas

mchuzi

padažas

kichanyaji chumvi

druskinė

kinu cha pilipili

pipirų malūnėlis

siki

actas

mafuta

aliejus

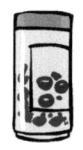

viungo

prieskoniai

kechapu

kečupas

haradali

garstyčios

kachumbari nzito

majonezas

dukakuu
prekybos centras

ofa maalum
specialus pasiūlymas
mteja
pirkėjas
maziwa
pieno produktai
matunda
vaisiai
toroli
troleibusas
FOR

BUTCHERS

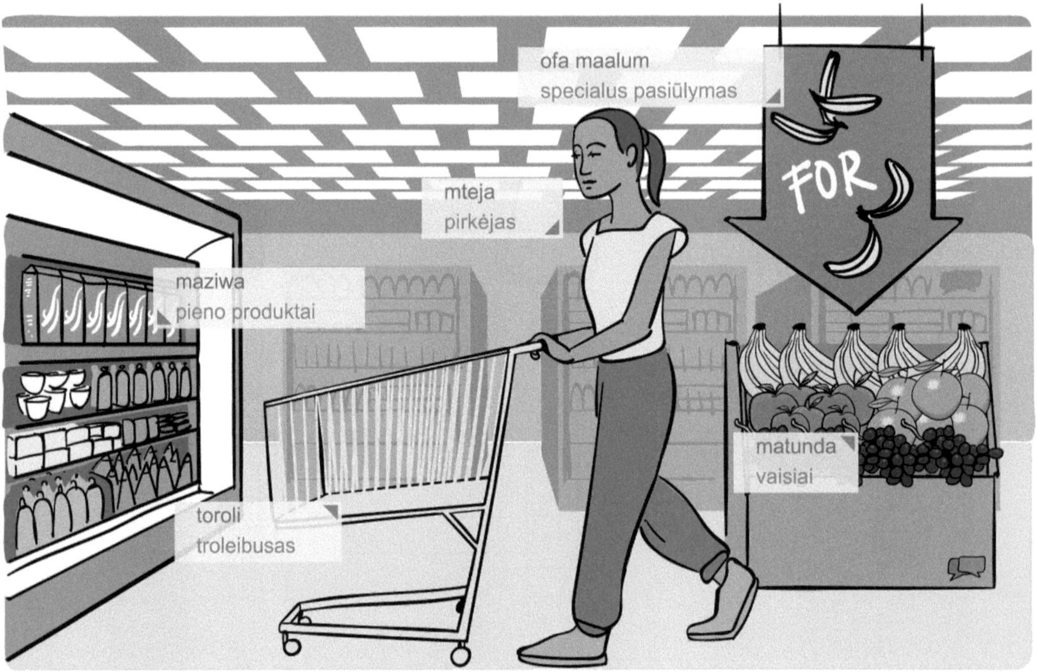

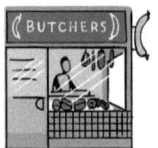

mchinjaji

mėsos parduotuvė

BAKERY

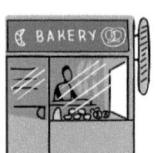

mwokaji

kepykla

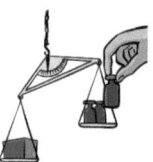

uzito

sverti

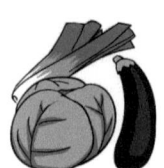

mboga

daržovės

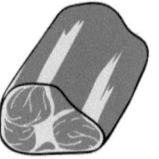

nyama

mėsa

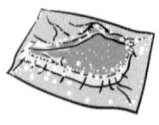

chakula waliohifadhiwa

šaldytas maistas

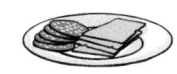

vipande vya nyama baridi

šalti mėsos užkandžiai

chakula cha kopo

konservai

sabuni ya unga

skalbimo milteliai

pipi

saldumynai

bidhaa za kaya

ūkinės prekės

bidhaa za kusafisha

valymo priemonės

mtu mauzo

pardavėja

mpaka

kasos aparatas

keshia

kasininkas

orodha ya manunuzi

pirkinių sąrašas

masaa ya ufunguzi

darbo valandos

mkoba

piniginė

kadi

kreditinė kortelė

mfuko

maišelis

mfuko wa plastiki

plastikinis maišelis

maji

vanduo

sharubati

sultys

maziwa

pienas

coke

kola

mvinyo

vynas

bia

alus

pombe

alkoholis

kakao

kakava

chai

arbata

kahawa

kava

spreso

espresas

kapuchino

kapučinas

ndizi

bananas

tufaha

obuolys

machungwa

apelsinas

tikiti

arbūzas

lemon

citrina

karoti

morka

kitunguu saumu

česnakas

mianzi

bambukas

kitunguu

svogūnas

uyoga

grybas

karanga

riešutai

nudo

makaronai

spageti

spagečiai

mpunga

ryžiai

saladi

salotos

vibanzi

traškučiai

viazi vya kukaanga

keptos bulvės

piza

pica

hambaga

mėsainis

sandwichi

sumuštinis

kipande

pjausnys

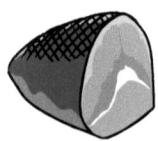

paja la mnyama

kumpis

salami

saliamis

soseji

dešrelė

kuku

vištiena

choma

kepsnys

samaki

žuvis

oats ya uji

avižų dribsniai

muesli

dribsniai su priedais

cornflakes

kukurūzų dribsniai

unga

miltai

kroisanti

prancūziškasis ragelis

andazi

bandelė

mkate

duona

mkate wa kubanika

skrebutis

biskuti

sausainiai

siagi

sviestas

maziwa mgando

varškė

keki

tortas

yai

kiaušinis

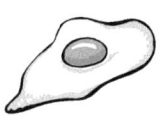

yai kukaanga

kiaušinienė

jibini

sūris

aiskrimu

ledai

sukari

cukrus

asali

medus

jemu

uogienė

kuenea kwa chokoleti

tepamas šokoladas

mchuzi wa viungo

karis

shamba

ūkininko ūkis

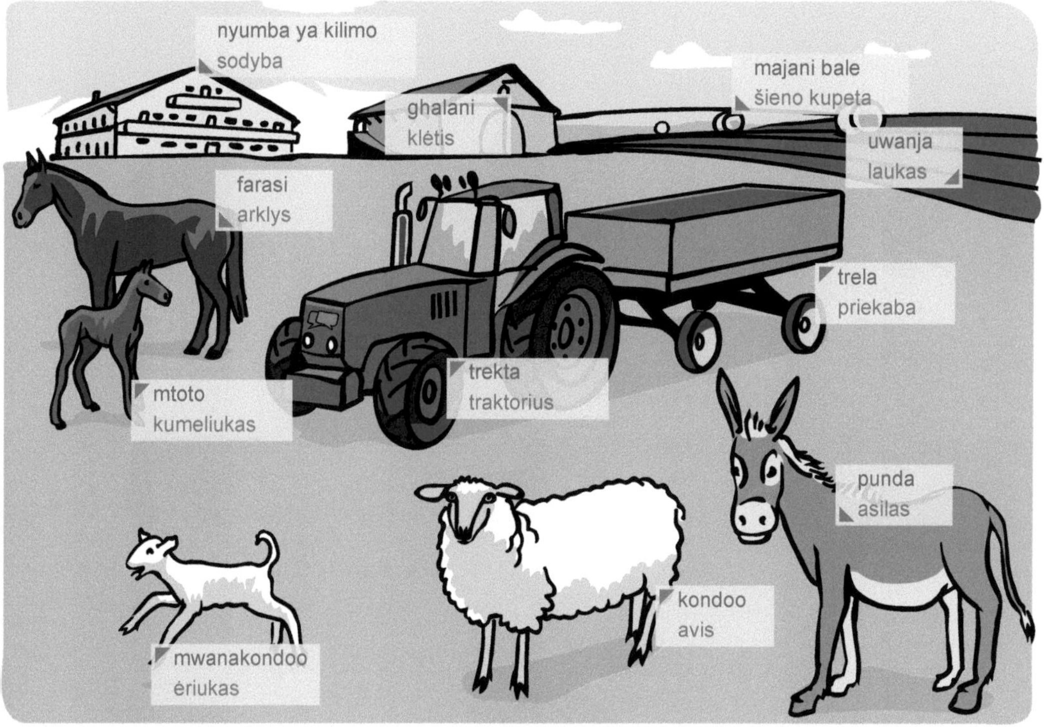

nyumba ya kilimo
sodyba
majani bale
šieno kupeta
ghalani
klėtis
uwanja
laukas
farasi
arklys
trela
priekaba
trekta
traktorius
mtoto
kumeliukas
punda
asilas
kondoo
avis
mwanakondoo
ėriukas

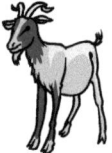

mbuzi

ožys

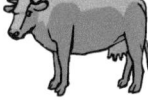

ng'ombe

karvė

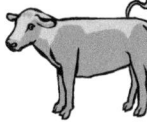

ndama

veršis

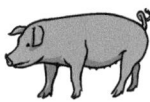

nguruwe

kiaulė

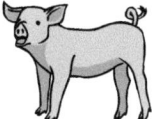

mwananguruwe

paršelis

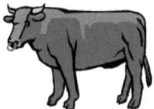

fahali

bulius

batabukini

žąsis

bata

antis

kifaranga

viščiukas

kuku

višta

jogoo

gaidys

panya

žiurkė

paka

katė

panya

pelė

ng'ombe

jautis

mbwa

šuo

nyumba ya mbwa

šuns būda

bomba la bustani

sodo namas

debe la kumwagilia maji

laistytuvas

fyekeo

dalgis

kulima

plūgas

mundu

pjautuvas

jembe

kauptukas

uma wa nyasi

šakės

shoka

kirvis

toroli

statinė

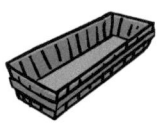

kupitia nyimbo

lovys

chombo cha maziwa

bidonas

gunia

maišas

ua

tvora

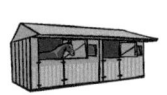

imara

arklidė

chafu

šiltnamis

udongo

dirva

mbegu

sėkla

mbolea

trąšos

kivunaji

kombainas

mavuno

rinkti

mavuno

derlius

viazi vikuu

saldžiosios bulvės

ngano

kviečiai

soya

soja

viazi

bulvė

mahindi

kukurūzai

rapa

rapsai

mti wa matunda

vaismedis

muhogo

manijokas

nafaka

grūdai

nyumba
namas

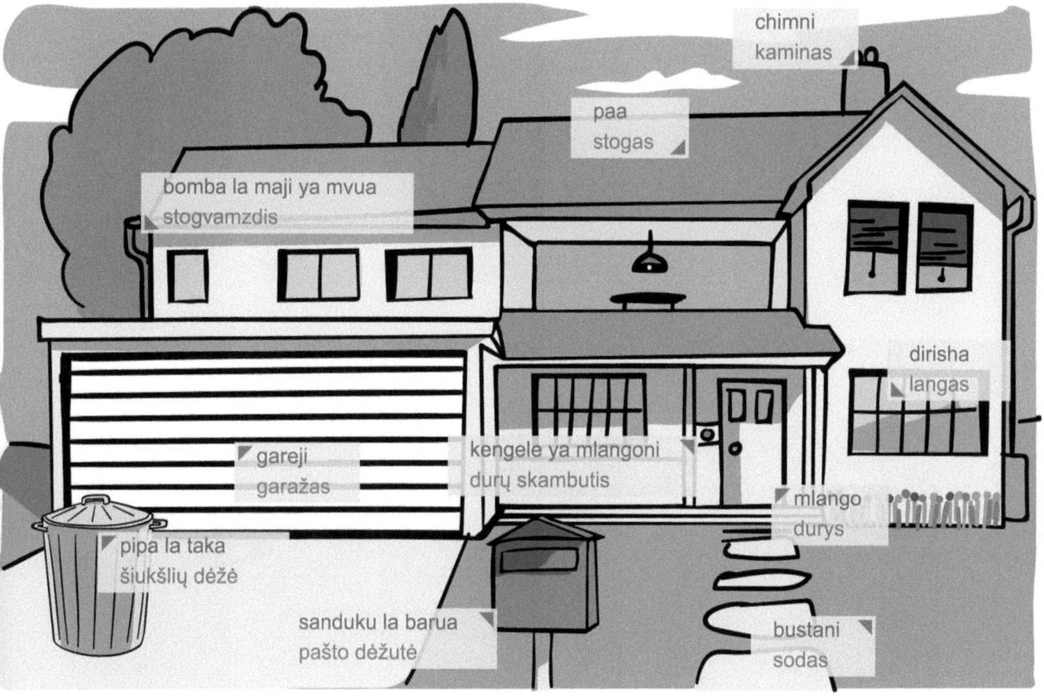
chimni
kaminas
paa
stogas
bomba la maji ya mvua
stogvamzdis
dirisha
langas
gareji
garažas
kengele ya mlangoni
durų skambutis
mlango
durys
pipa la taka
šiukšlių dėžė
sanduku la barua
pašto dėžutė
bustani
sodas

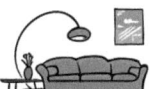

sebuleni
svetainė

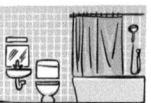

bafu
vonios kambarys

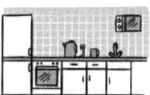

jikoni
virtuvė

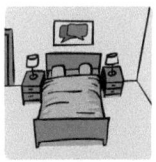

chumba cha kulala
miegamasis

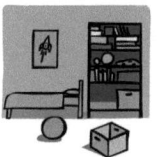

chumba ya mtoto
vaiko kambarys

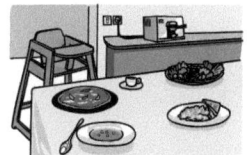

chumba cha kulia
valgomasis

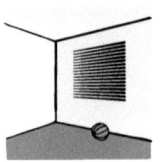

sakafu

grindys

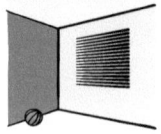

ukuta

siena

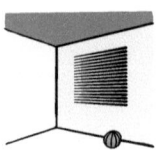

dari

lubos

pishi

rūsys

sauna

sauna

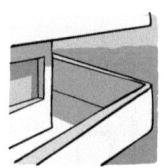

roshani

balkonas

mtaro

terasa

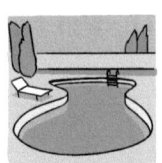

kidimbwi

baseinas

mashine ya kukata nyasi

žoliapjovė

karatasi

paklodė

kitambaa cha kupamba
kitanda

lovatiesė

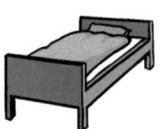

kitanda

lova

ufagio

šluota

ndoo

kibiras

kubadili

jungiklis

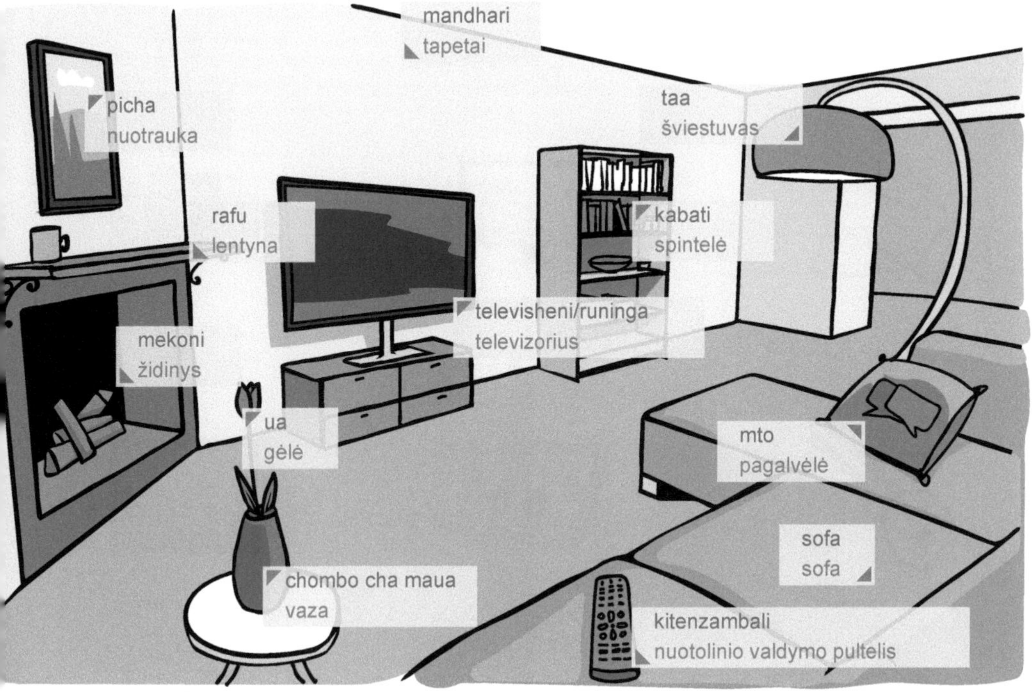

mandhari
tapetai

picha
nuotrauka

taa
šviestuvas

rafu
lentyna

kabati
spintelė

mekoni
židinys

televisheni/runinga
televizorius

ua
gėlė

mto
pagalvėlė

sofa
sofa

chombo cha maua
vaza

kitenzambali
nuotolinio valdymo pultelis

zulia

kilimas

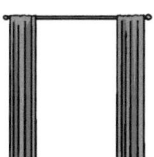

pazia

užuolaida

meza

stalas

kiti

kėdė

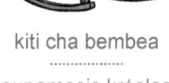

kiti cha bembea

supamasis krėslas

armchair

fotelis

kitabu

knyga

blanketi

antklodė

mapambo

papuošimai

kuni

malkos

filamu

filmas

kifaa cha hi-fi

stereo aparatūra

ufunguo

raktas

gazeti

laikraštis

uchoraji

paveikslas

bango

plakatas

redio

radijas

daftari

užrašų knygelė

kifyonza

dulkių siurblys

dungusi kakati

kaktusas

mshumaa

žvakė

jikoni

virtuvė

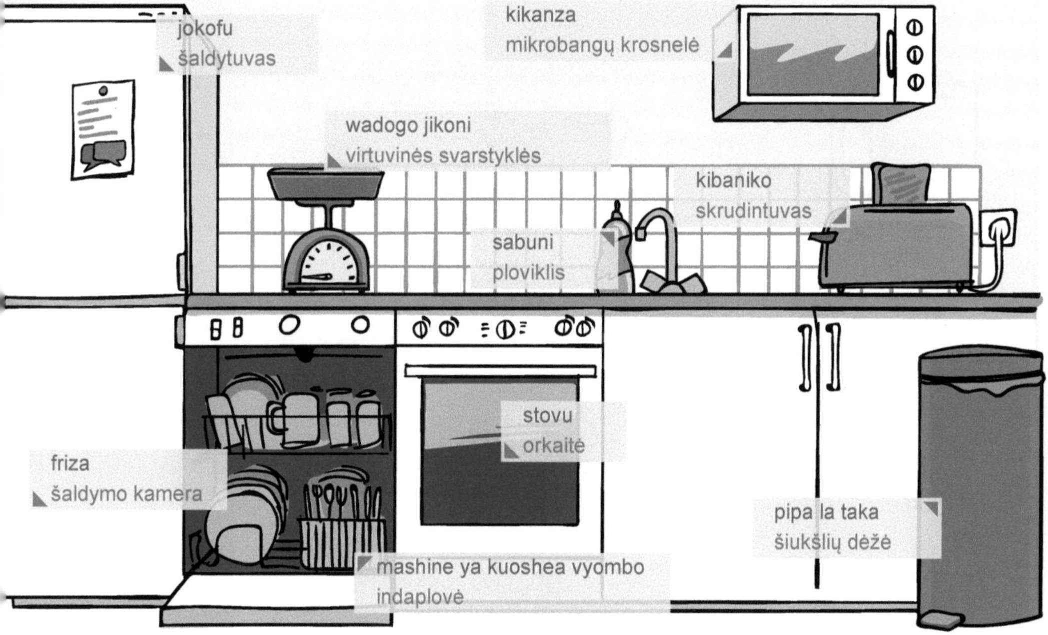
jokofu
šaldytuvas
kikanza
mikrobangų krosnelė
wadogo jikoni
virtuvinės svarstyklės
kibaniko
skrudintuvas
sabuni
ploviklis
stovu
orkaitė
friza
šaldymo kamera
pipa la taka
šiukšlių dėžė
mashine ya kuoshea vyombo
indaplovė

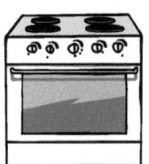

jiko la kupika
viryklė

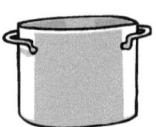

chungu
puodas

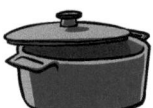

sufuria ya chuma
ketaus puodas

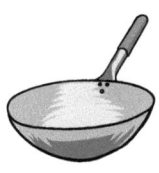

wok / kadai
„wok“ keptuvė

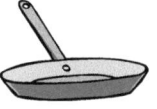

kaango
keptuvė

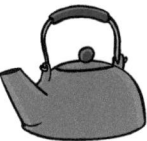

birika
virdulys

stima

garų puodas

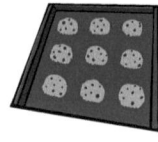

sinia ya kuoka

kepimo skarda

vyombo vya udongo

porceliano indai

kombe

puodelis

bakuli

dubuo

vijiti vya kulia

valgomosios lazdelės

ukawa

samtis

mwiko mpana

mentelė

burashi

plaktuvas

kichujio

koštuvas

chujio

sietas

mbuzi

trintuvė

chokaa

grūstuvė

barbeque

kepsninė

moto wazi

atvira liepsna

ubao wa majaribio

pjaustymo lentelė

kijiti cha kusukuma unga

kočėlas

kizibuo

kamščiatraukis

kopo

skardinė

inaweza kopo

skardinių atidarytuvas

kishikio cha chungu

puodkėlė

karo

kriauklė

brashi

šepetys

sifongo

kempinė

kisagaji matunda

trintuvas

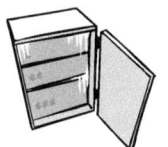

friji ya kina

šaldiklis

chupa ya mtoto

kūdikių buteliukas

bomba

čiaupas

bafu
vonios kambarys

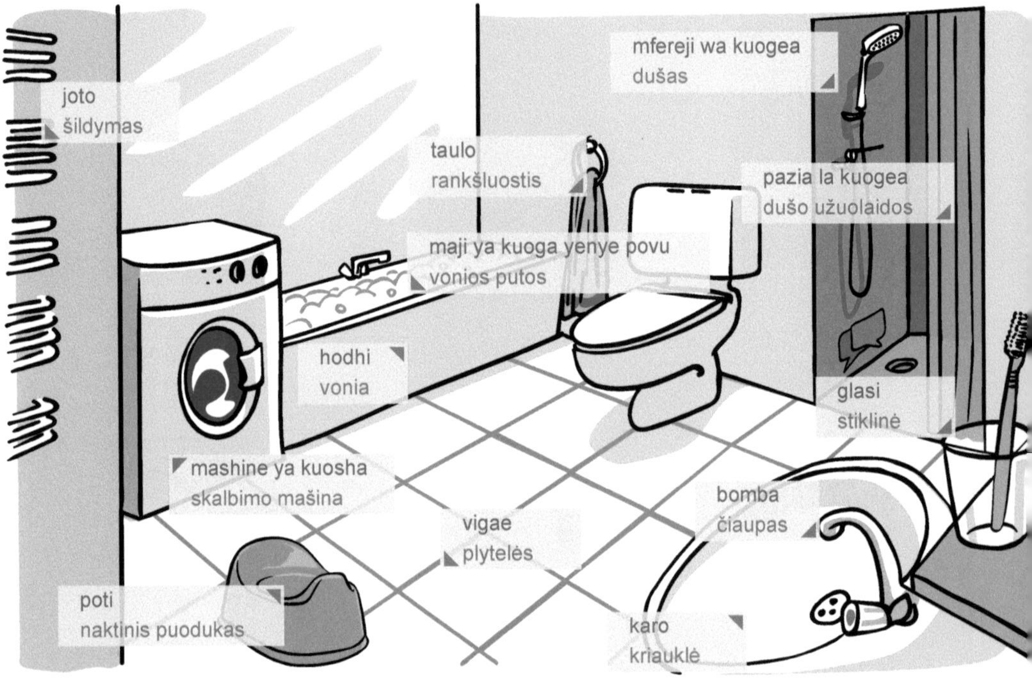

joto
šildymas
mfereji wa kuogea
dušas
taulo
rankšluostis
pazia la kuogea
dušo užuolaidos
maji ya kuoga yenye povu
vonios putos
hodhi
vonia
glasi
stiklinė
mashine ya kuosha
skalbimo mašina
bomba
čiaupas
vigae
plytelės
poti
naktinis puodukas
karo
kriauklė

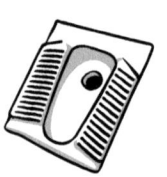

choo
unitazas

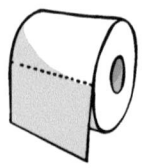

choo cha squat
tupimasis unitazas

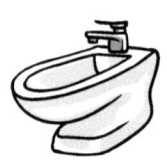

beseni la mviringo
bidė

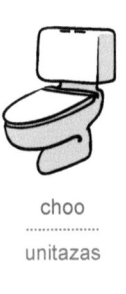

choo cha umma
pisuaras

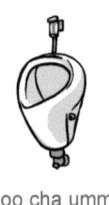

shashi
tualetinis popierius

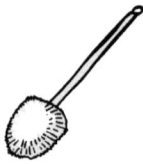

brashi ya choo
unitazo šepetys

mswaki

dantų šepetėlis

dawa ya meno

dantų pasta

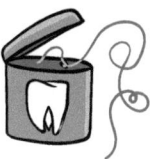

dawa ya meno

dantų siūlas

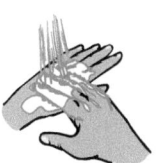

safisha

plauti

kuoga mkono

dušo galvutė

msukumo wa maji

higieninis dušas

bonde

praustuvas

mpako wa pili

nugaros plaušinė

sabuni

muilas

jeli ya kuogea

dušo želė

shampuu

šampūnas

flana

plaušinė

toa maji

kanalizacija

krimu

kremas

kiondoa harufu

dezodorantas

kioo

veidrodis

kioo mkono

veidrodėlis

kinyozi

skustuvas

povu la kunyoa

skutimosi putos

baada ya kunyoa

losjonas po skutimosi

kichana

šukos

brashi

šepetys

kikausha nywele

plaukų džiovintuvas

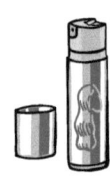

marashi ya nyewele

plaukų lakas

vipodozi

makiažas

kidomwa

lūpdažis

varnish ya msumari

nagų lakas

pamba

vata

mkasi wa kucha

žirklutės nagams

manukato

kvepalai

mkoba wa kuosha

maišelis skalbiniams

kinyesi

taburetė

mizani

svarstyklės

nguo ya kuoga

chalatas

glavu za mpira

guminės pirštinės

kisodo

tamponas

sodo

higieninis įklotas

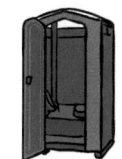

kemikali choo

biotualetas

chumba ya mtoto
vaiko kambarys

saa ya kengele
žadintuvas
kidoli cha kupakata
pliušinis žaislas
gari bandia
žaislinė mašinėlė
kelele
barškutis
chumba cha midoli
lėlės namelis
sasa
dovana

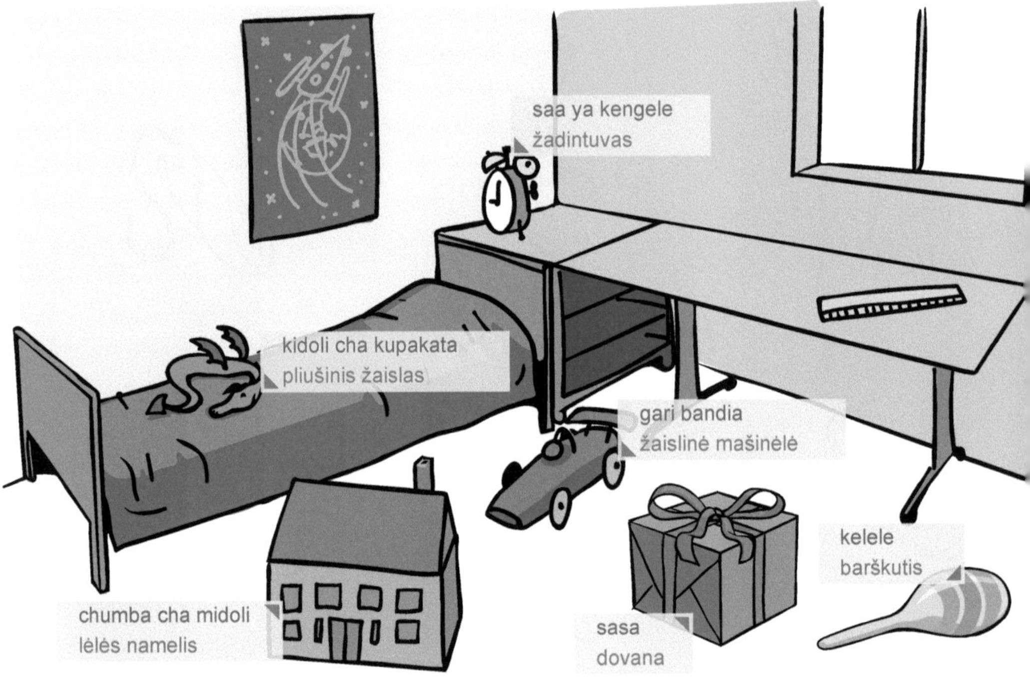

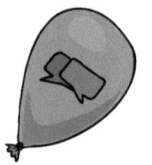

baluni
balionas

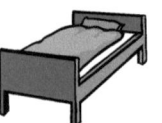

kitanda
lova

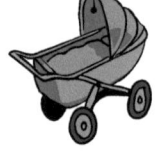

mashua
vaikiškas vežimėlis

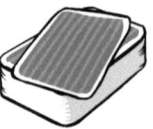

staha ya kadi
kortų malka

mchezo-fumb
delionė

SUPER
MEGA

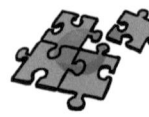

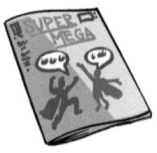

vichekesho
komiksai

matofali lego

lego kaladėlės

vitalu mwigo

žaislinės kaladėlės

hatua takwimu

figūrėlė

suti ya kulalia

šliaužtinukai

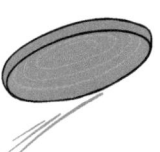

kisahani

mėtymo lėkštė

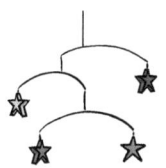

simu

karuselė

ubao wa michezo

stalo žaidimas

kete

kauliukai

garimoshi mwigo

žaislinis traukinys

dummy

žindukas

chama

vakarėlis

picha kitabu

paveiksliukų knygelė

mpira

kamuolys

kikaragosi

lėlė

kucheza

žaisti

shimo la mchanga
smėlio dėžė

bembea
sūpynės

vitu bandia
žaislai

kiweko cha video ya mchezo
žaidimų konsolė

baiskeli ya magurudumu
triratukas
matatu

mwanasesere
meškiukas

kabati
drabužių spinta

nguo
drabužis

soksi
kojinės

stokingi
kojinės virš kelių

kibano
pėdkelnės

skafu
šalikas

mwavuli
skėtis

fulana
marškinėliai

ukanda
diržas

ndara
šlepetės

viatu
ilgaauliai batai

wakufunzi
sportbačiai

malapa
....
sandalai

viatu
....
batai

mabuti ya mpira
....
guminiai batai

suruali ya ndani
....
trumpikės

sidiria
....
liemenėlė

fulana
....
liemenė

nguo - drabužis

mwili

glaustinukė

suruali

kelnės

dangirizi

džinsai

sketi

sijonas

blauzi

palaidinė

shati

marškiniai

vuta

megztinis

sweta

megztinis su gobtuvu

bleza

švarkelis

jaketi

švarkas

koti

paltas

koti la mvua

lietpaltis

maleba

kostiumas

gauni

suknelė

mavazi ya harusi

vestuvinė suknelė

suti

kostiumas

vazi la usiku

naktiniai marškiniai

pajama

pižama

sari

saris

skafu

skarelė

kilemba

tiurbanas

burka

burka

kaftan

kaftanas

abaya

abaja

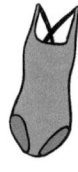

vazi la kuogelea

maudymosi kostiumėlis

vazi la kiume la kuogelea

glaudės

kaptura

šortai

teitei

sportinis kostiumas

aproni

prijuostė

glavu

pirštinės

nguo - drabužis

kifungo

saga

glasi

akiniai

bangili

apyrankė

mkufu

vėrinys

pete

žiedas

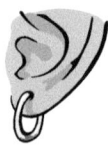

herini

auskaras

kofia

kepurė

kiango cha koti

pakabas

kofia

skrybėlė

tai

kaklaraištis

zipu

užtrauktukas

kofia

šalmas

kanda za suruali

breketai

sare za shule

mokyklinė uniforma

sare

uniforma

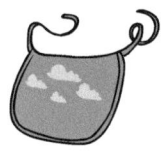

bibu

seilinukas

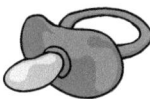

dummy

žindukas

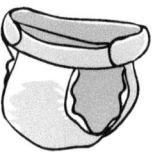

nepi

vystyklai

ofisi

biuras

seva
serveris
kabati la kuweka faili
dokumentų spinta
karatasi
popierius
kichapishaji
spausdintuvas
kiwambo
vaizduoklis
kipanya
pelė
dawati
rašomasis stalas
folda
aplankas
kibodi
klaviatūra
u cha kuweka karatasi chafu
liadėžė
kompyuta
kompiuteris
kiti
kėdė

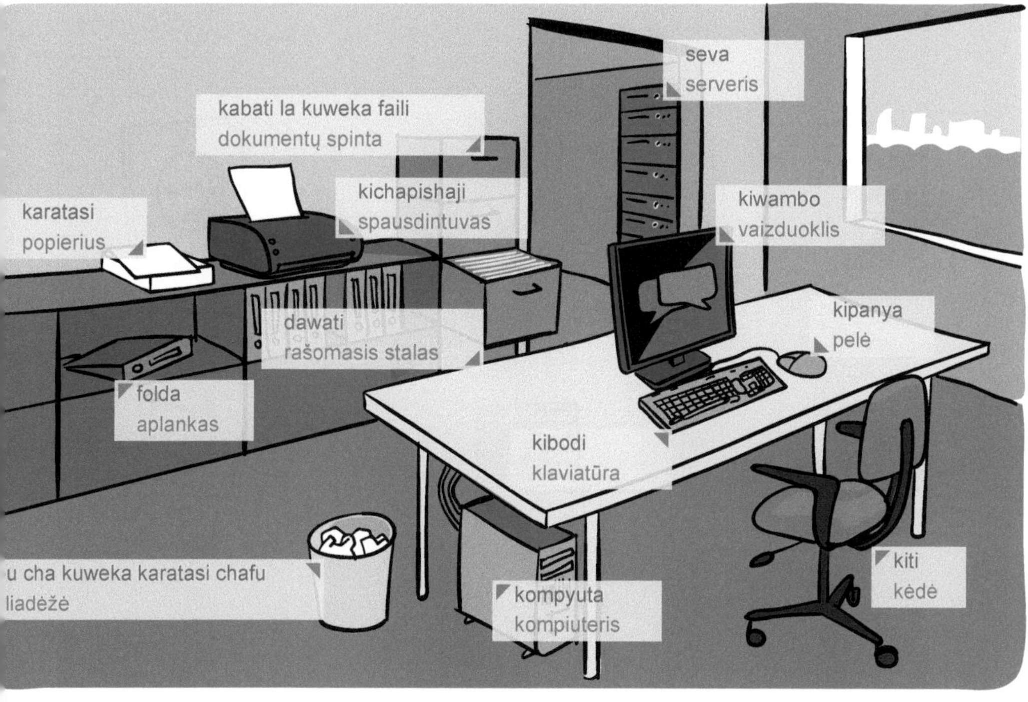

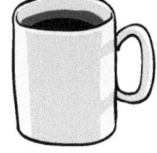

kmobe la kahawa

kavos puodelis

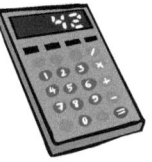

kikokotoo

kalkuliatorius

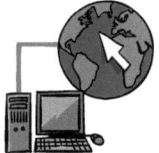

biashara

internetas

mbali
....
nešiojamasis kompiuteris

barua
....
laiškas

ujumbe
....
žinutė

rununu
....
mobilusis telefonas

intaneti
....
tinklas

fotokopia
....
fotokopijavimo aparatas

programu
....
programinė įranga

simu
....
telefonas

soketi
....
kištukinis lizdas

kipepesi
....
faksas

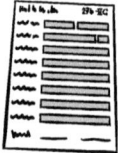

fomu
....
forma

hati
....
dokumentas

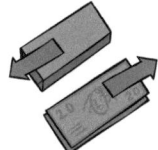

kununua

pirkti

kulipa

mokėti

biashara

prekiauti

fedha

pinigai

USD

dola

doleris

EUR

yuro

euras

JPY

yeni

jena

RUB

rouble

rublis

CHF

faranga ya Uswisi

Šveicarijos frankas

CNY

renminbi yuan

juanis

INR

rupia

rupija

eneo la kulipia

bankomatas

ofisi ya ubadilishanaji

valiutos keitykla

dhahabu

auksas

fedha

sidabras

mafuta

nafta

nishati

energija

bei

kaina

mkataba

sutartis

kodi

mokestis

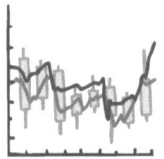

bidhaa

akcijos

kazi

dirbti

mfanyakazi

darbuotojas

mwajiri

darbdavys

kiwanda

gamykla

duka

parduotuvė

afisa wa polisi
policininkas

mzimamoto
ugniagesys

mpishi
virėjas

daktari
gydytojas

rubani
lakūnas

mtunza bustani

sodininkas

seremala

stalius

mshonaji

siuvėja

hakimu

teisėjas

mwanakemia

chemikas

muigizaji

aktorius

dereva wa basi

autobuso vairuotojas

dereva wa teksi

taksi vairuotojas

mvuvi

žvejys

mwanamke wa kusafisha

valytoja

mwezekaji

stogdengys

mhudumu

padavėjas

mwindaji

medžiotojas

mchoraji

dailininkas

mwokaji

kepėjas

umeme

elektrikas

mjenzi

statybininkas

mhandisi

inžinierius

mchinjaji

mėsininkas

fundi bomba

santechnikas

mwanaposta

paštininkas

mwanajeshi

kareivis

msanifu majengo

architektas

keshia

kasininkas

muuza maua

gėlininkas

msusi

kirpėjas

kondakta

konduktorius

mekanika

mechanikas

nahodha

kapitonas

daktari wa meno

odontologas

mwanasayansi

mokslininkas

rabbi

rabinas

imamu

imamas

mtawa

vienuolis

kasisi

kunigas

zana
įrankiai

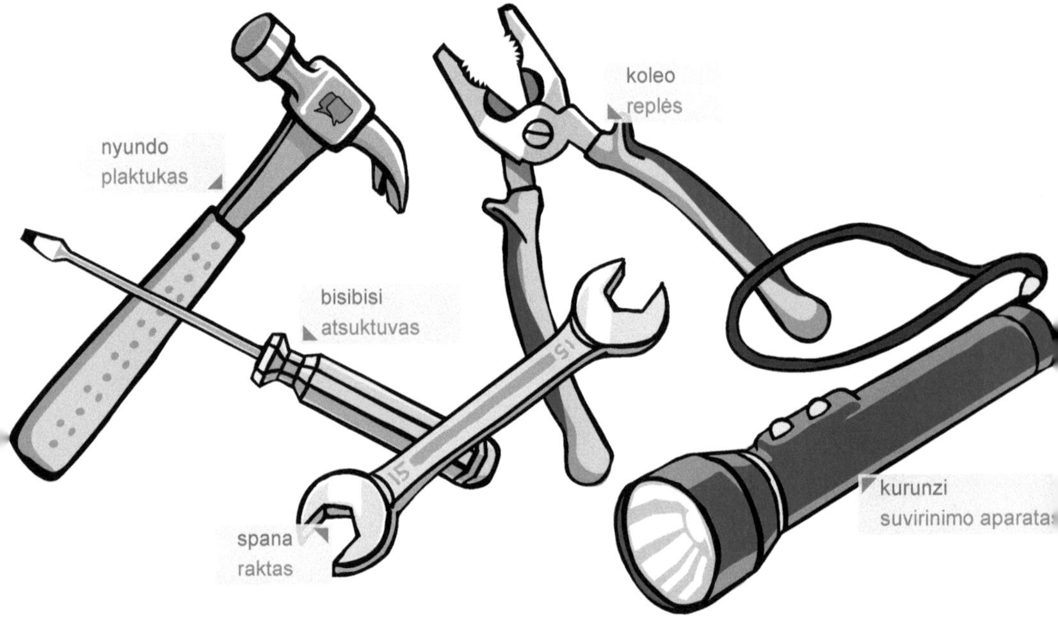
koleo
replės
nyundo
plaktukas
bisibisi
atsuktuvas
spana
raktas
kurunzi
suvirinimo aparata

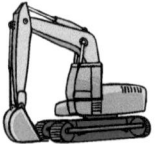

mchimbaji
ekskavatorius

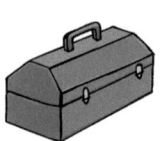

sanduku la vifaa
įrankių dėžė

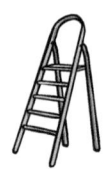

ngazi
kopėčios

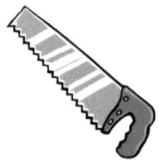

msumeno
pjūklas

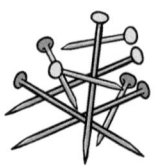

misumari
vinys

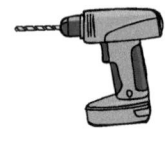

kuchimba visima
grąžtas

kukarabati

taisyti

sepetu

kastuvas

Lo!

Velniava!

kishikio cha uchafu

semtuvėlis

chungu cha rangi

dažų skardinė

skurubu

varžtai

ala za muziki
muzikos instrumentai

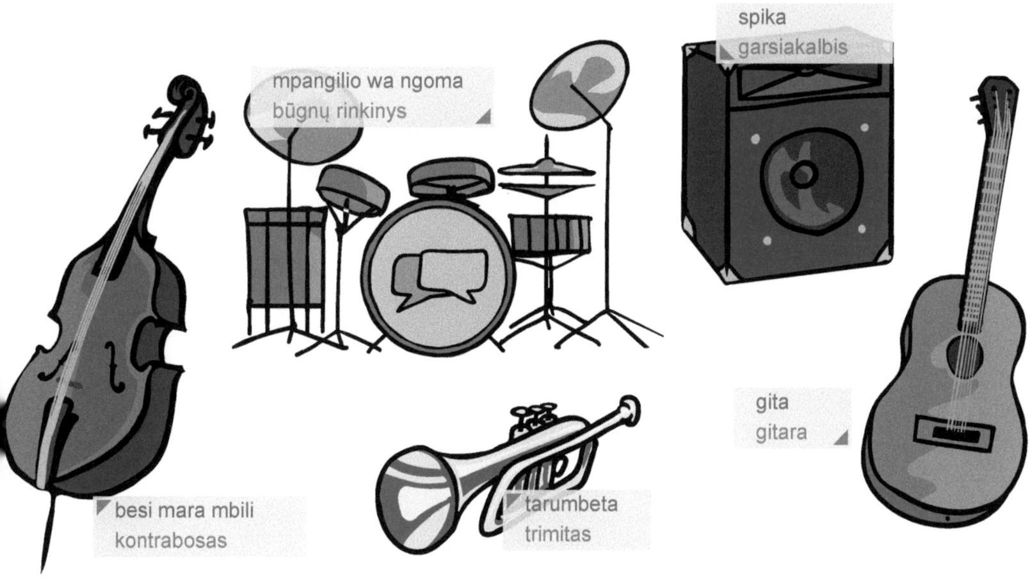

spika
garsiakalbis

mpangilio wa ngoma
būgnų rinkinys

besi mara mbili
kontrabosas

tarumbeta
trimitas

gita
gitara

piano

pianinas

fidla

smuikas

ubeji

bosinė gitara

timpani

timpanas

ngoma

būgnai

kibodi

sintezatorius

saksafoni

saksofonas

filimbi

fleita

maikrofoni

mikrofonas

bustani ya wanyama
zoologijos sodas

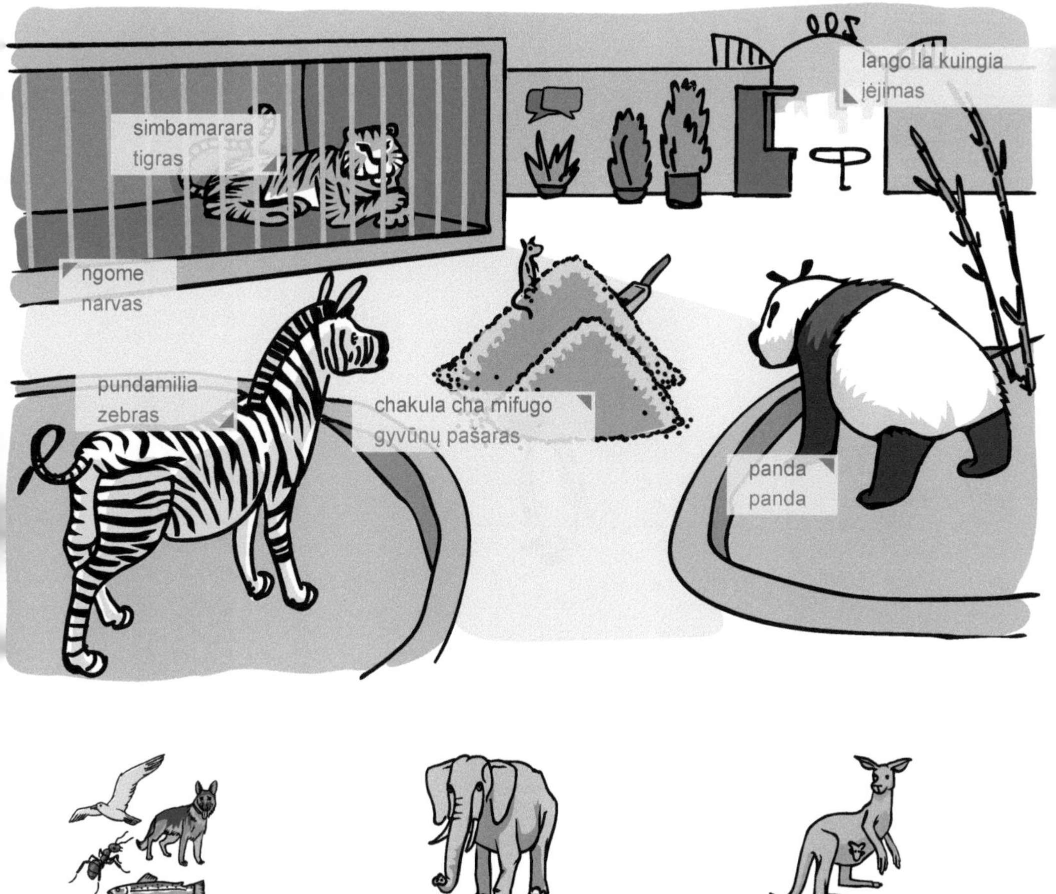

lango la kuingia
įėjimas
simbamarara
tigras
ngome
narvas
pundamilia
zebras
chakula cha mifugo
gyvūnų pašaras
panda
panda

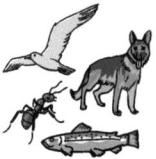

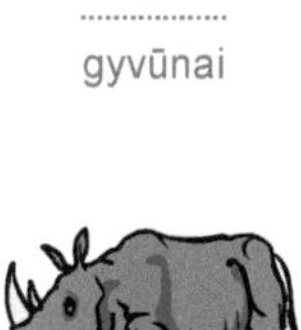

wanyama

gyvūnai

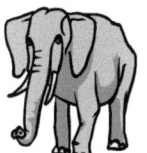

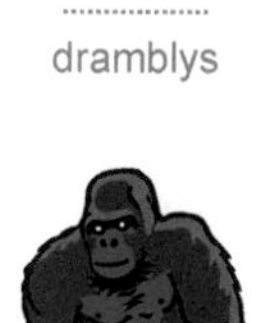

tembo

dramblys

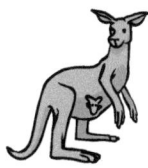

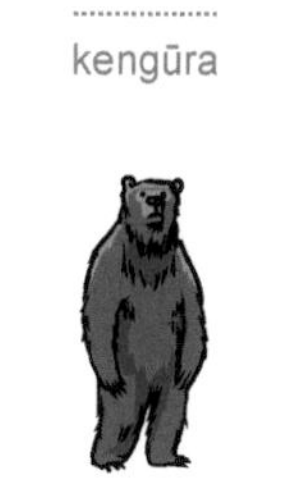

kangaruu

kengūra

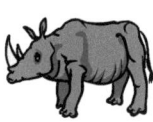

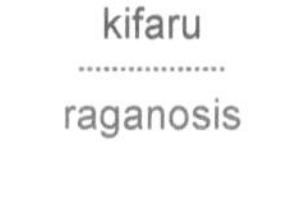

kifaru

raganosis

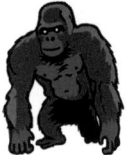

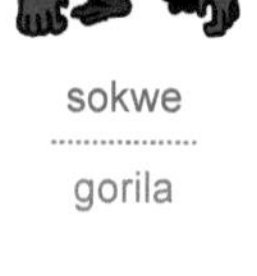

sokwe

gorila

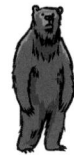

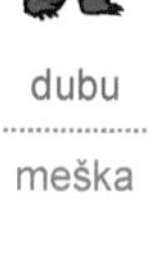

dubu

meška

ngamia

kupranugaris

mbuni

strutis

simba

liūtas

tumbili

beždžionė

heroe

flamingas

kasuku

papūga

dubu

baltoji meška

penguini

pingvinas

papa

ryklys

tausi

povas

nyoka

gyvatė

mamba

krokodilas

mtunza wanyama

zoologijos sodo prižiūrėtojas

muhuri

ruonis

jaguar

jaguaras

mwanafarasi

ponis

chui

leopardas

kiboko

begemotas

twiga

žirafa

tai

erelis

nguruwe mwitu

šernas

samaki

žuvis

kobe

vėžlys

sili

vėplys

mbweha

lapė

paa

gazelė

soka ya marekani
amerikietiškas futbolas

uendeshaji baiskeli
dviračių sportas

tenisi
tenisas

mpira wa kikapu
krepšinis

kuogelea
plaukimas

ndondi
boksas

magongo ya barafuni
ledo ritulys

soka
futbolas

vinyoya
badmintonas

riadha
atletika

mpira wa mikono
rankinis

skii
slidinėjimas

polo
polas

shughuli
užsiėmimai

kuruka
šokinėti
kumbatia
apkabinti
cheka
juoktis
kutembea
vaikščioti
kuimba
dainuoti
ota ndoto
svajoti
kuomba
melstis
busu
bučiuoti

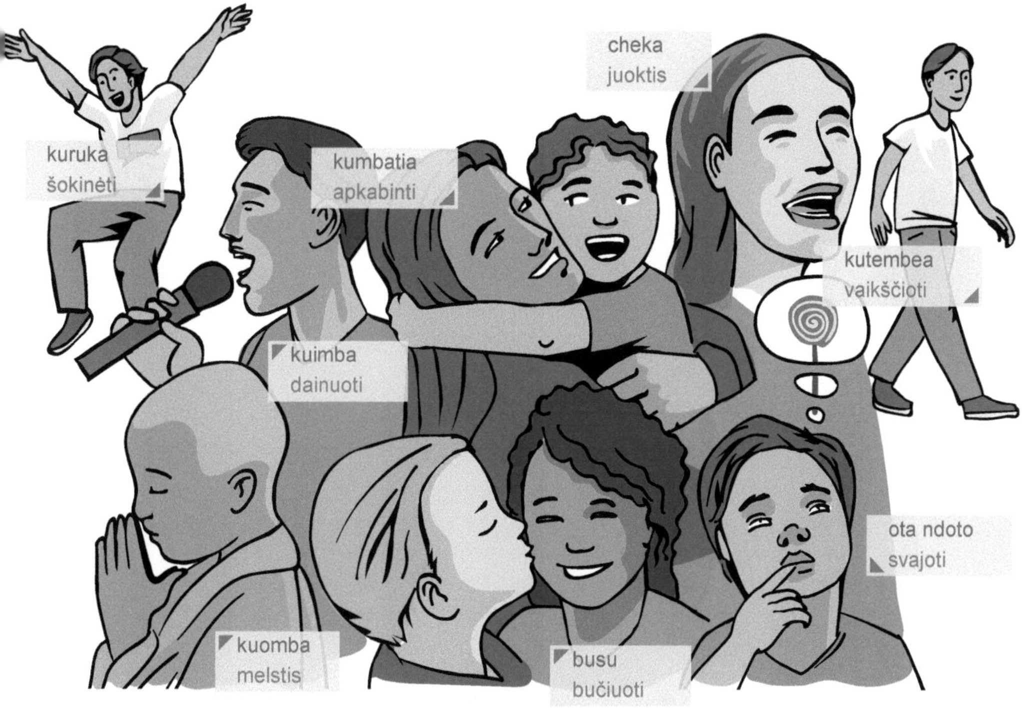

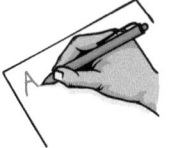

kuandika
rašyti

kuteka
piešti

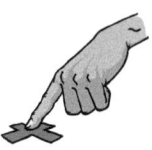

angalia
rodyti

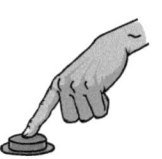

sukuma
stumti

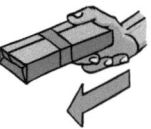

kutoa
duoti

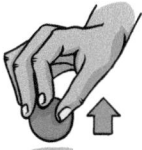

kuchukua
imti

kuwa

turėti

fanya

daryti

kuwa

būti

kusimama

stovėti

kukimbia

bėgti

vuta

traukti

kutupa

mesti

kuanguka

kristi

hadaa

meluoti

kusubiri

laukti

kubeba

nešti

kukaa

sėdėti

vaa nguo

rengtis

usingizi

miegoti

kuamka

pabusti

kuangalia
žiūrėti

lia
verkti

kiharusi
glostyti

chana nywele
šukuoti

ongea
kalbėti

kuelewa
suprasti

kuuliza
paklausti

kusikiliza
klausytis

kunywa
gerti

kula
valgyti

nadhifisha
tvarkytis

upendo
mylėti

mpishi
gaminti

gari
vairuoti

kuruka
skristi

meli

buriuoti

kokotoa

skaičiuoti

kusoma

skaityti

kujifunza

mokytis

kazi

dirbti

kuoa

vesti

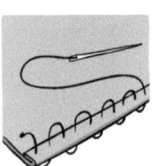

kushona

siūti

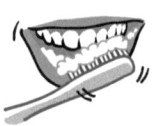

piga mswaki

valytis dantis

kuua

žudyti

moshi

rūkyti

kutuma

siųsti

familia
šeima

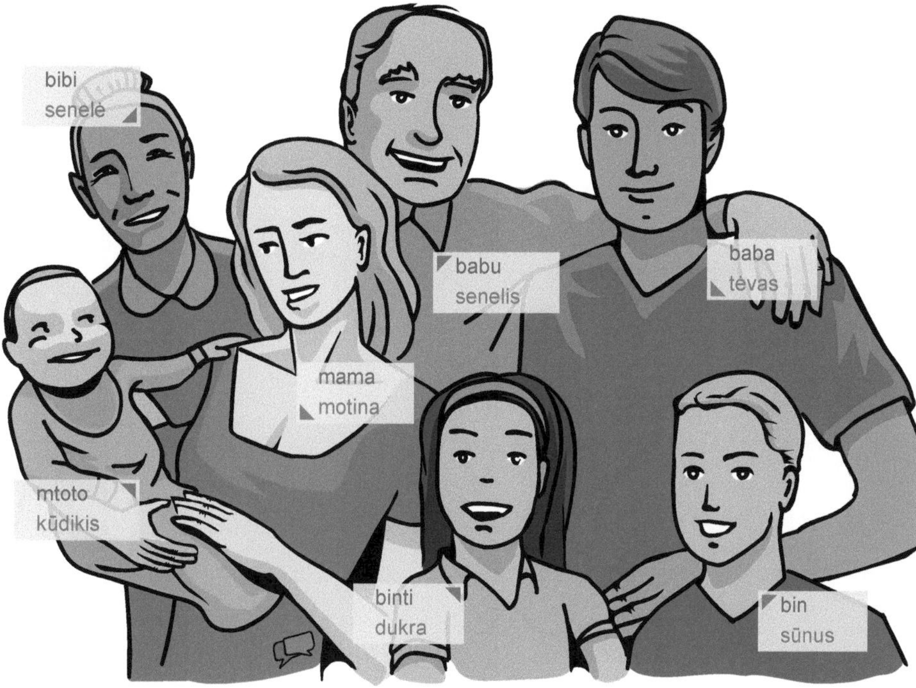
bibi
senelė
babu
senelis
baba
tėvas
mama
motina
mtoto
kūdikis
binti
dukra
bin
sūnus

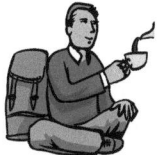

mgeni

svečias

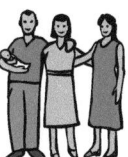

shangazi

teta

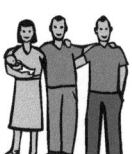

mjomba

dėdė

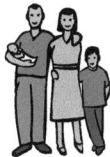

kaka

brolis

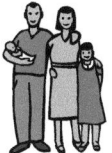

dada

sesuo

mwili
kūnas

paji la uso
kakta
jicho
akis
uso
veidas
kidevu
smakras
kidole
pirštas
mkono
plaštaka
matiti
krūtinė
mkono
ranka
bega
petys
mguu
koja

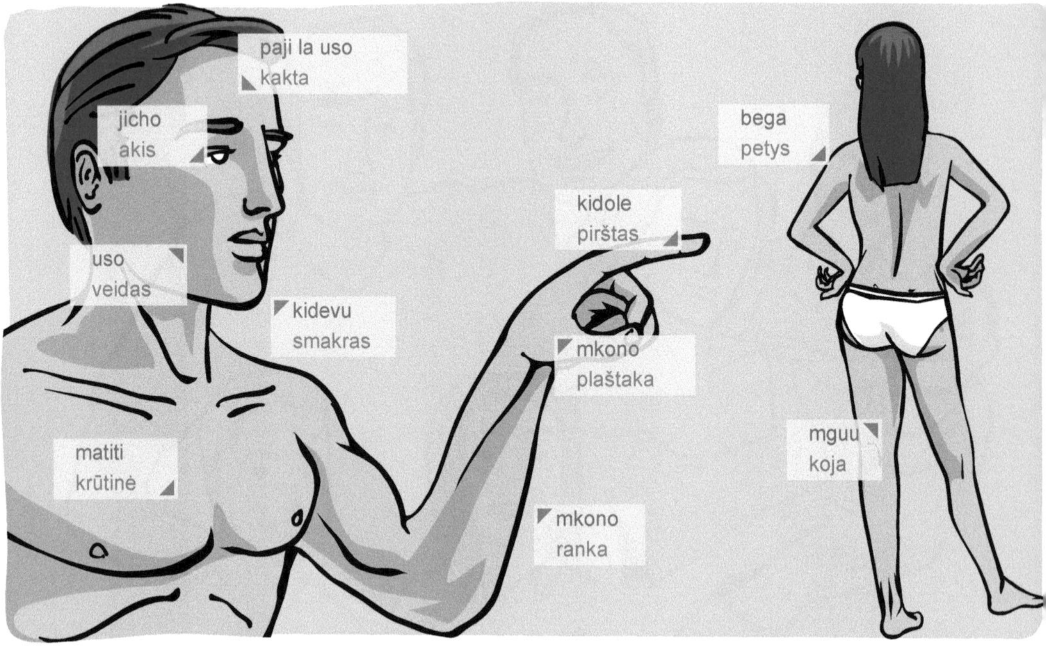

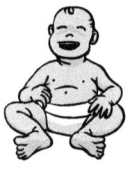

mtoto

kūdikis

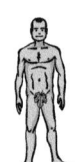

mwanamume

vyras

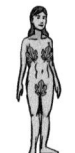

mwanamke

moteris

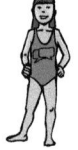

msichana

mergaitė

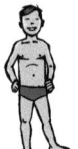

mvulana

berniukas

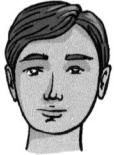

kichwa

galva

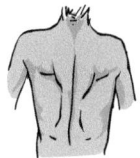

nyuma

nugara

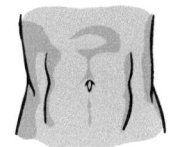

tumbo

pilvas

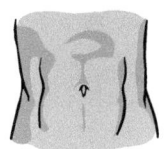

kitovu

bamba

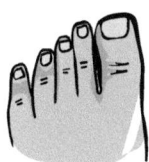

chano

kojos pirštas

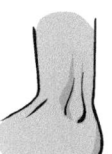

kisigino

kulnas

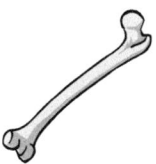

mfupa

kaulas

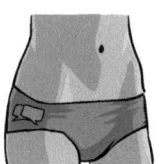

nyonga

klubas

goti

kelis

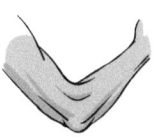

kiwiko

alkūnė

pua

nosis

chini

sėdmenys

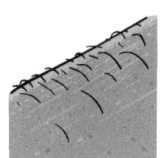

ngozi

oda

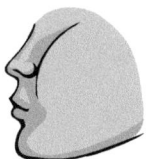

shavu

skruostas

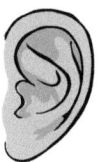

sikio

ausis

mdomo

lūpa

kinywa

burna

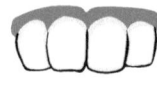

jino

dantis

ulimi

liežuvis

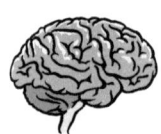

ubongo

smegenys

moyo

širdis

misuli

raumuo

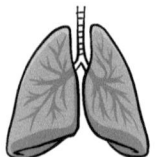

pafu

plaučiai

ini

kepenys

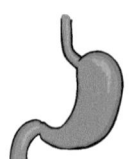

tumbo

skrandis

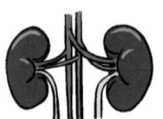

figo

inkstai

jinsia

seksas

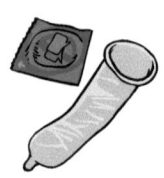

kondomu

prezervatyvas

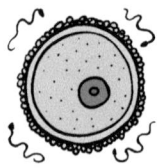

ovari

kiaušialąstė

shahawa

sperma

mimba

nėštumas

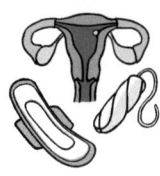

hedhi

menstruacijos

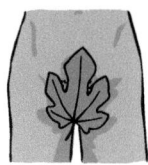

uke

makštis

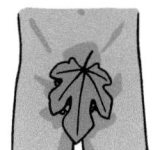

uume

varpa

unyusi

antakis

nywele

plaukai

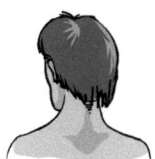

shingo

kaklas

hospitali
ligoninė

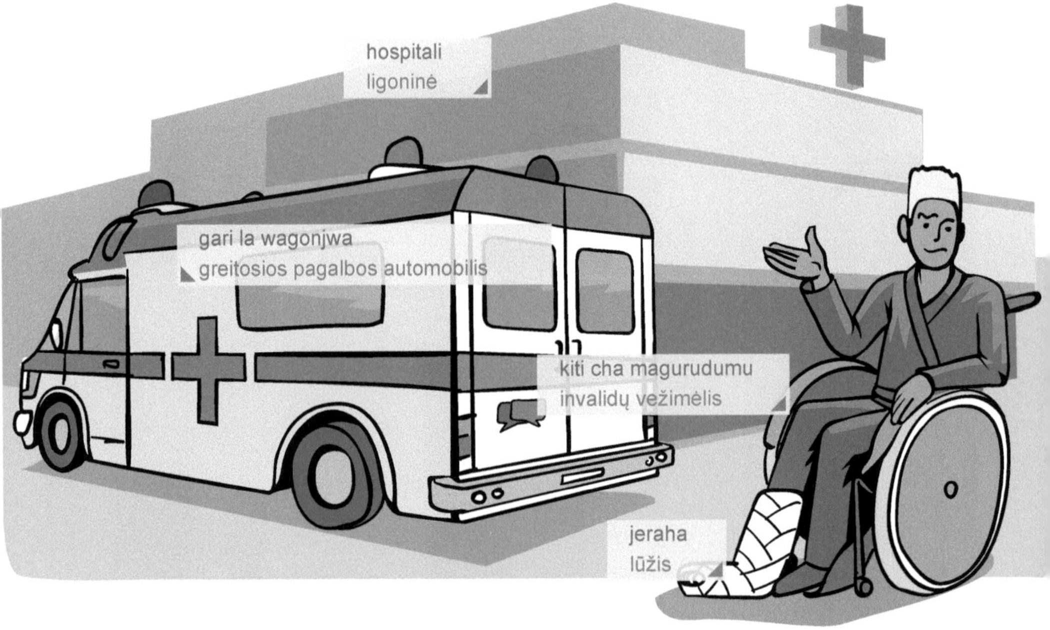

hospitali
ligoninė
gari la wagonjwa
greitosios pagalbos automobilis
kiti cha magurudumu
invalidų vežimėlis
jeraha
lūžis

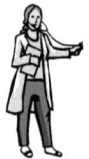

daktari

gydytojas

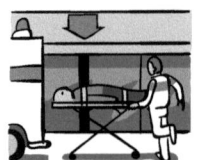

chumba cha dharura

skubios pagalbos skyrius

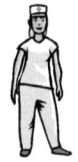

muuguzi

slaugytoja

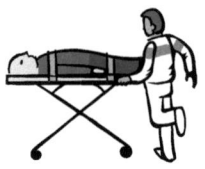

dharura

nelaimingas atsitikimas

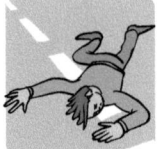

kupoteza fahamu

be sąmonės

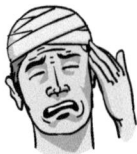

maumivu

skausmas

kuumia

sužalojimas

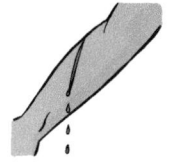

kutokwa na damu

kraujavimas

mshtuko wa moyo

širdies smūgis

kiharusi

insultas

mzio

alergija

kikohozi

kosulys

homa

karščiavimas

mafua

gripas

kuharisha

viduriavimas

maumivu ya kichwa

galvos skausmas

kansa

vėžys

ugonjwa wa kisukari

diabetas

daktari mpasuaji

chirurgas

kisu kidogo cha kupasulia

skalpelis

operesheni

operacija

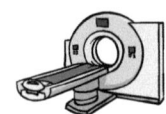

picha changanufu ya mwili

KT

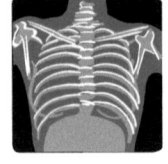

Eksrei

rentgenas

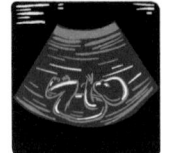

mawimbi sauti

ultragarsas

barakoa ya uso

veido kaukė

ugonjwa

liga

chumba cha kusubiri

laukiamasis

mkongojo

ramentas

plasta

gipsas

bendeji

tvarstis

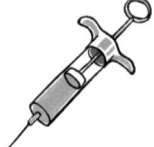

sindano

injekcija

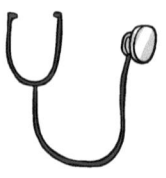

stetoskopu

stetoskopas

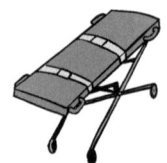

machela

neštuvai

kipimajoto cha kliniki

termometras

kuzaliwa

gimimas

unene kupita kiasi

antsvoris

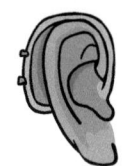

kusikia misaada

klausos aparatas

kipukusi

dezinfekavimo priemonė

maambukizi

infekcija

virusi

virusas

VVU / UKIMWI

ŽIV / AIDS

dawa

vaistas

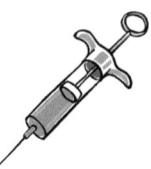

chanjo

skiepijimas

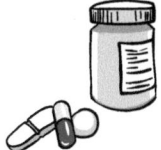

vidonge

tabletės

kidonge

piliulė

simu ya dharura

skubios pagalbos numeris

haemodainamometa

kraujospūdžio matuoklis

mgonjwa / mwenye afya

ligotas / sveikas

Msaada!

Padėkite!

kengele

pavojaus signalas

pigo

užpuolimas

shambulizi

ataka

hatari

pavojus

lango la dharura

avarinis išėjimas

Moto!

Gaisras!

kizima moto

gesintuvas

ajali

nelaimingas atsitikimas

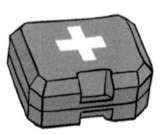

vifaa vya huduma ya kwanza

pirmosios pagalbos rinkinys

wito wa msaada

SOS

polisi

policija

Ulaya

Europa

Amerika ya Kaskazini

Šiaurės Amerika

Amerika ya Kusini

Pietų Amerika

Afrika

Afrika

Asia

Azija

Australia

Australija

Atlantiki

Atlanto vandenynas

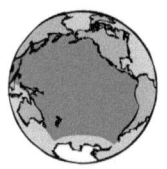

Pasifiki

Ramusis vandenynas

Bahari ya Hindi

Indijos vandenynas

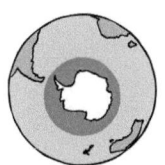

Bahari ya Antaktiki

Pietų vandenynas

Bahari ya Aktiki

Arkties vandenynas

Ncha ya Kaskazini

Šiaurės ašigalis

Ncha ya Kusini

Pietų ašigalis

Antaktika

Antarktida

dunia

Žemė

nchi

sausuma

bahari

jūra

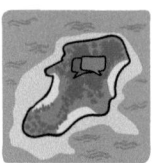

kisiwa

sala

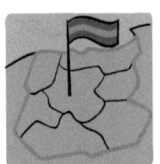

taifa

tauta

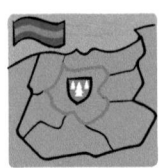

jimbo

valstybė

uso wa saa

ciferblatas

akrabu ya saa

valandinė rodyklė

akrabu ya dakika

minutinė rodyklė

akrabu ya sekunde

sekundinė rodyklė

Ni saa ngapi?

Kiek valandų?

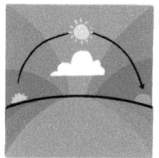

siku

diena

wakati

laikas

sasa

dabar

saa ya dijitali

skaitmeninis laikrodis

dakika

minutė

saa

valanda

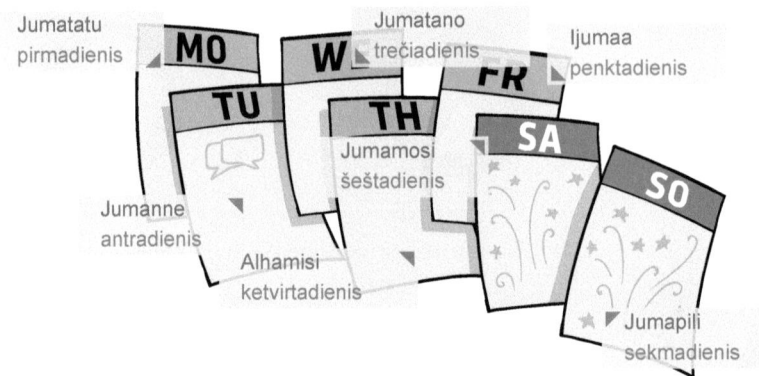

Jumatatu pirmadienis

Jumatano trečiadienis

Ijumaa penktadienis

Jumanne antradienis

Jumamosi šeštadienis

Alhamisi ketvirtadienis

Jumapili sekmadienis

jana

vakar

leo

šiandien

kesho

rytoj

asubuhi

rytas

saa sita mchana

vidurdienis

jioni

vakaras

siku za biashara

darbo dienos

mwishoni mwa wiki

savaitgalis

mwaka

metai

mvua
lietus
upinde wa mvua
vaivorykštė
theluji
sniegas
upepo
vėjas
majira ya machipuko
pavasaris
vuli
ruduo
kiangazi
vasara
majira ya baridi
žiema

4.APRIL 11°
5.APRIL 4°
6.APRIL 13°
7.APRIL 8°
8.APRIL 10°

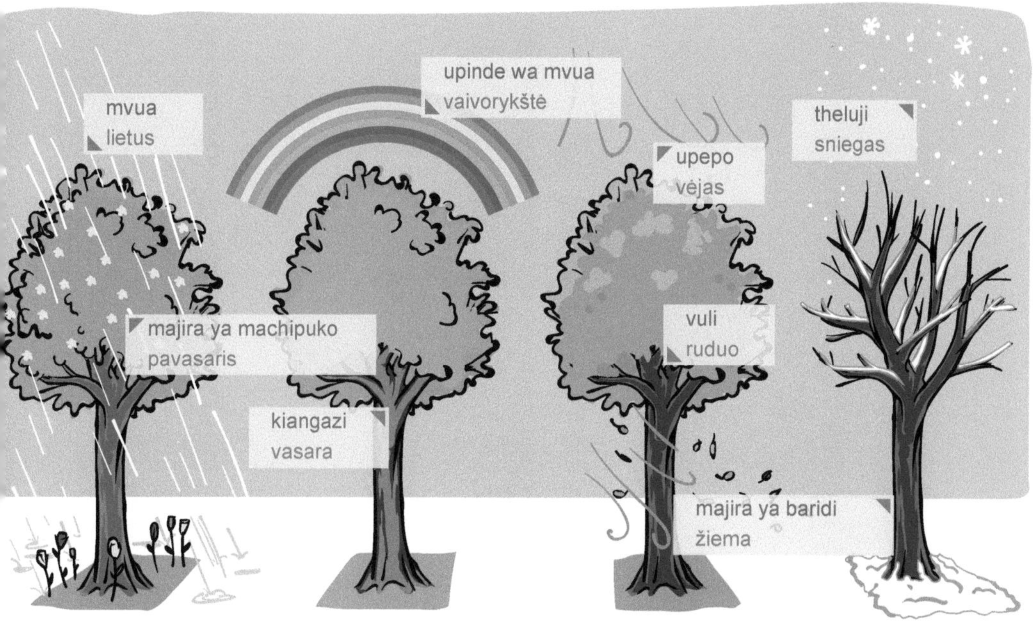

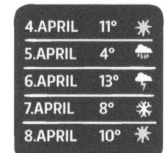

utabiri wa hali ya hewa

orų prognozė

F
C
120
90
60
30
0
-30
40
30
20
10
0
-10
-20

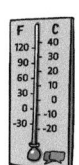

kipimajoto

lauko termometras

mwanga wa jua

saulės šviesa

wingu

debesis

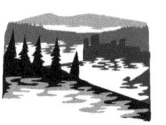

ukungu

rūkas

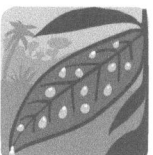

unyevu

drėgmė

umeme

žaibas

radi

griaustinis

dhoruba

audra

mvua ya mawe

kruša

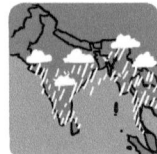

monsuni

musonas

mafuriko

potvynis

barafu

ledas

Januari

sausis

Februari

vasaris

Machi

kovas

Aprili

balandis

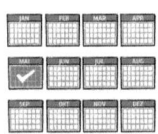

Mei

gegužė

Juni

birželis

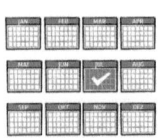

Julai

liepa

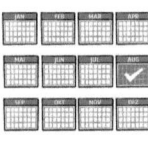

Agosti

rugpjūtis

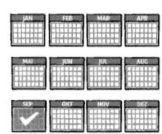

Septemba

rugsėjis

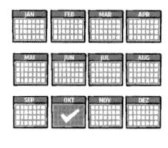

Oktoba

spalis

Novemba

lapkritis

Desemba

gruodis

maumbo

formos

mduara

apskritimas

mraba

kvadratas

mstatili

stačiakampis

pembetatu

trikampis

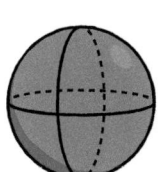

nyanja

sfera

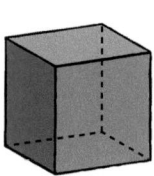

mchemraba

kubas

nyeupe

balta

manjano

geltona

chungwa

oranžinė

rangi ya waridi

rožinė

nyekundu

raudona

hudhurungi

violetinė

bluu

mėlyna

kijani

žalia

hanja

ruda

jivujivu

pilka

nyeusi

juoda

mengi / kidogo

daug / mažai

hasira / pole

piktas / ramus

nzuri / mbaya

gražus / bjaurus

mwanzo / mwisho

pradžia / pabaiga

kubwa / ndogo

didelis / mažas

angavu / giza

šviesus / tamsus

kaka / dada

brolis / sesuo

safi / chafu

švarus / purvinas

kamilika / tokamilika

užbaigtas / neužbaigtas

siku / usiku

diena / naktis

wafu / hai

miręs / gyvas

pana / nyembamba

platus / siauras

kulika / kutolika

valgomas / nevalgomas

ovu / ema

piktas / malonus

sisimkwa / udhika

linksmas / nuobodus

nene / nyembamba

storas / plonas

kwanza / mwisho

pirmiausia / paskiausia

rafiki / adui

draugas / priešas

jaa / tupu

pilnas / tuščias

ngumu / laini

kietas / minkštas

nzito / nyepesi

sunkus / lengvas

njaa / kiu

alkis / troškulys

mgonjwa / mwenye afya

ligotas / sveikas

haramu / kisheria

nelegalus / legalus

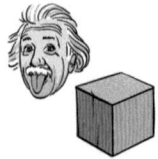

akili / kijinga

protingas / kvailas

kushoto / kulia

kairė / dešinė

karibu / mbali

arti / toli

mpya / kutumika

naujas / naudotas

kitu / jambo

niekas / kažkas

zee / changa

senas / jaunas

waka / zima

įjungta / išjungta

wazi / fungwa

atidaryta / uždaryta

utulivu / kelele

tylus / garsus

tajiri / masikini

turtingas / vargšas

sahihi / kosa

teisus / neteisus

mbaya / laini

šiurkštus / švelnus

huzunika / furahia

liūdnas / laimingas

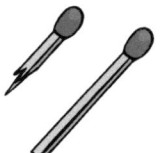

fupi /ndefu

trumpas / ilgas

polepole / haraka

lėtas / greitas

nyevu / kavu

drėgnas / sausas

joto / baridi

šiltas / šaltas

vita / amani

karas / taika

0

sufuri

nulis

1

moja

vienas

2

mbili

du

3

tatu

trys

4

nne

keturi

5

tano

penki

6

sita

šeši

7

saba

septyni

8

nane

aštuoni

9

tisa

devyni

10

kumi

dešimt

11

kumi na moja

vienuolika

12

kumi na mbili

dvylika

13

kumi na tatu

trylika

14

kumi na nne

keturiolika

15

kumi na tano

penkiolika

16

kumi na sita

šešiolika

17

kumi na saba

septyniolika

18

kumi na nane

aštuoniolika

19

kumi na tisa

devyniolika

20

ishirini

dvidešimt

100

mia

šimtas

1.000

elfu

tūkstantis

1.000.000

milioni

milijonas

nambari - skaičiai

Kiingereza

anglų

Kiingereza cha Marekani

amerikiečių anglų

Kimandarini cha Uchina

kinų (mandarinų)

Kihindi

hindi

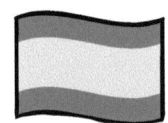

Kihispania

ispanų

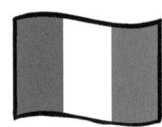

Kifaransa

prancūzų

Kiarabu

arabų

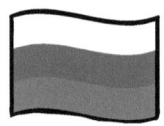

Kirusi

rusų

Kireno

portugalų

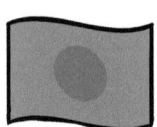

Kibengali

bengalų

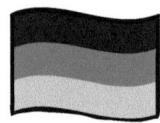

Kijerumani

vokiečių

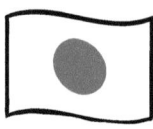

Kijapani

japonų

mimi

aš

wewe

tu

yeye / yeye / ni

jis / ji

sisi

mes

wewe

jūs

wao

jie

nani?

kas?

nini?

ką?

jinsi gani?

kaip?

wapi?

kur?

lini?

kada?

jina

vardas

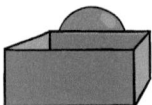

nyuma

už

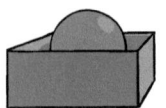

katika

kur (vieta)

mbele ya

priešais

juu ya

virš

kwenye

ant

chini ya

po

kando

prie

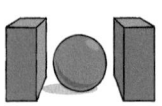

kati

tarp

mahali

vieta